50道初学者日常中华菜食谱

作者:凯莉·约翰逊

Table of Contents

- 西红柿炒鸡蛋
- 青椒土豆丝
- 蒜蓉炒菠菜
- 酱油炒饭
- 虾仁炒蛋
- 鱼香肉丝
- 宫保鸡丁
- 红烧肉
- 清蒸鱼
- 醋溜白菜
- 干煸四季豆
- 麻婆豆腐
- 酱爆鸡丁
- 葱油拌面
- 糖醋排骨
- 红烧鸡翅
- 凉拌黄瓜

- 西兰花炒虾仁
- 酸辣汤
- 蒜蓉粉丝蒸扇贝
- 葱姜炒虾仁
- 红烧狮子头
- 清炒豆芽
- 番茄炒豆腐
- 蒸蛋羹
- 豆豉蒸排骨
- 干锅花菜
- 酱烧冬瓜
- 口水鸡
- 炒米粉
- 炒面
- 虾酱空心菜
- 咖喱鸡块
- 红烧鲫鱼
- 葱爆羊肉
- 蒜蓉炒空心菜

- 炒年糕
- 芹菜炒肉丝
- 冬瓜排骨汤
- 酱爆牛肉
- 麻辣豆腐
- 鱼香茄子
- 蒜香排骨
- 凉拌豆腐丝
- 红烧牛肉面
- 蒜蓉油麦菜
- 青豆炒虾仁
- 香菇炒青菜
- 糖醋藕片
- 葱姜炒蟹

西红柿炒鸡蛋

材料：
西红柿、鸡蛋、盐、糖、葱花、植物油

做法：

1. 鸡蛋打散，加少许盐。

2. 热锅加油，倒入鸡蛋液炒至半熟，盛出备用。

3. 锅中加油，炒香葱花，加入切块西红柿翻炒。

4. 加入盐和糖调味，倒入鸡蛋快速翻炒均匀即可。

青椒土豆丝

材料：

土豆、青椒、蒜末、盐、醋、植物油

做法：

1. 土豆去皮切细丝，青椒切丝。

2. 热锅加油爆香蒜末，加入土豆丝翻炒。

3. 加入青椒丝，继续翻炒。

4. 加盐和少许醋调味，炒匀后出锅。

蒜蓉炒菠菜

材料：
菠菜、蒜末、盐、植物油

做法：

1. 菠菜洗净沥干。

2. 热锅加油爆香蒜末。

3. 放入菠菜大火快速翻炒。

4. 加盐调味，炒匀即可。

酱油炒饭

材料：
米饭、鸡蛋、葱花、酱油、盐、胡椒粉、植物油

做法：

1. 鸡蛋打散炒熟盛出。

2. 热锅加油爆香葱花，加入米饭翻炒。

3. 加入酱油、盐和胡椒粉调味。

4. 倒入鸡蛋拌匀即可。

虾仁炒蛋

材料：
虾仁、鸡蛋、盐、葱花、植物油

做法：

1. 虾仁洗净沥干。

2. 鸡蛋打散加盐。

3. 热锅加油，先炒虾仁至变色盛出。

4. 另起锅炒蛋液半熟，加入虾仁翻炒均匀，撒葱花出锅。

鱼香肉丝

材料：
猪肉丝、木耳、胡萝卜丝、葱姜蒜末、豆瓣酱、醋、生抽、糖、盐、淀粉

做法：

1. 猪肉丝用淀粉、生抽腌制。

2. 热锅加油爆香葱姜蒜末和豆瓣酱。

3. 放入肉丝快速翻炒。

4. 加入木耳和胡萝卜丝炒匀。

5. 调入醋、糖和盐，勾薄芡后出锅。

宫保鸡丁

材料：
鸡丁、花生、干辣椒、葱姜蒜、酱油、醋、糖、淀粉、料酒、盐

做法：

1. 鸡丁用料酒、盐、淀粉腌制。

2. 热锅加油炒花生盛出。

3. 爆香葱姜蒜和干辣椒，加入鸡丁炒熟。

4. 加入调味汁（酱油、醋、糖），炒匀。

5. 加入花生，快速翻炒出锅。

红烧肉

材料：
五花肉、姜片、葱段、料酒、生抽、老抽、糖、盐

做法：

1. 五花肉切块，焯水洗净。

2. 锅中加油炒糖色，加入五花肉炒匀。

3. 加入姜葱、料酒、生抽、老抽和糖。

4. 加水没过肉，小火炖煮至软烂。

5. 加盐调味，大火收汁。

清蒸鱼

材料：
整鱼（如鲈鱼）、姜丝、葱丝、料酒、盐、蒸鱼豉油、植物油

做法：

1. 鱼洗净，表面划几刀，抹盐和料酒腌10分钟。

2. 鱼身铺姜丝和葱丝，上锅蒸8-10分钟。

3. 出锅后倒掉多余水分，浇上蒸鱼豉油。

4. 热油浇在葱丝上即可。

醋溜白菜

材料：
白菜、蒜末、干辣椒、白醋、盐、糖、植物油

做法：

1. 白菜洗净切片。

2. 热锅加油爆香蒜末和干辣椒。

3. 加入白菜翻炒至软。

4. 加入盐、糖和白醋快速翻炒均匀。

5. 出锅前再翻炒几下即可。

干煸四季豆

材料：
四季豆、蒜末、干辣椒、花椒、盐、植物油

做法：

1. 四季豆洗净，掐断两头，沥干水分。

2. 热锅加油，炸至四季豆表面微皱变硬，捞出控油。

3. 锅内留少许油，爆香蒜末、干辣椒和花椒。

4. 加入四季豆翻炒，加盐调味。

5. 炒匀后出锅。

麻婆豆腐

材料：
嫩豆腐、猪肉末、豆瓣酱、蒜末、姜末、葱花、辣椒粉、花椒粉、生抽、盐、淀粉、植物油

做法：

1. 豆腐切块，焯水备用。

2. 热锅加油爆香蒜姜末，加入猪肉末炒至变色。

3. 加入豆瓣酱炒香。

4. 放入豆腐，加水稍煮。

5. 调入生抽、盐、辣椒粉、花椒粉。

6. 用淀粉水勾芡，撒葱花出锅。

酱爆鸡丁

材料：
鸡胸肉丁、甜面酱、蒜末、姜末、葱段、料酒、盐、糖、植物油

做法：

1. 鸡丁用料酒和盐腌制。

2. 热锅加油爆香蒜姜末。

3. 加入鸡丁炒至变色。

4. 加入甜面酱和糖翻炒均匀。

5. 加葱段快速翻炒后出锅。

葱油拌面

材料：

面条、葱段、酱油、香油、植物油、糖

做法：

1. 面条煮熟，过冷水，沥干。

2. 锅内加油，放入葱段小火煸香。

3. 面条放碗中，浇上葱油。

4. 加酱油、香油和少许糖拌匀即可。

糖醋排骨

材料：
排骨、白糖、白醋、生抽、老抽、姜片、葱段、盐、植物油

做法：

1. 排骨焯水洗净。

2. 锅内加油炒糖色，放入排骨煸炒。

3. 加姜葱、生抽、老抽、白糖和白醋。

4. 加水没过排骨，小火焖煮至软烂。

5. 大火收汁，出锅。

红烧鸡翅

材料：

鸡翅、姜片、葱段、酱油、料酒、糖、盐、植物油

做法：

1. 鸡翅洗净，用料酒和盐腌制。

2. 热锅加油，放入鸡翅煎至两面金黄。

3. 加姜葱、生抽、糖和少量水焖煮。

4. 收汁后装盘。

凉拌黄瓜

材料：
黄瓜、蒜末、香醋、生抽、辣椒油、盐、糖

做法：

1. 黄瓜拍碎切段。

2. 加蒜末、盐、糖、生抽、香醋和辣椒油拌匀。

3. 放冰箱冷藏片刻入味后食用。

西兰花炒虾仁

材料：
西兰花、虾仁、蒜末、盐、料酒、植物油

做法：

1. 西兰花洗净掰成小朵，焯水后沥干。

2. 虾仁洗净，用盐和料酒稍微腌制。

3. 热锅加油，爆香蒜末。

4. 加入虾仁快速翻炒变色。

5. 加入西兰花一起炒匀，调味后出锅。

酸辣汤

材料

材料：
木耳、豆腐、竹笋、鸡蛋、醋、辣椒油、胡椒粉、盐、鸡汤

做法：

1. 木耳、豆腐切丝，竹笋切片。

2. 锅内加鸡汤煮开，放入木耳、豆腐和竹笋。

3. 加盐、胡椒粉调味。

4. 缓缓倒入打散的鸡蛋液，形成蛋花。

5. 加入醋和辣椒油即可。

蒜蓉粉丝蒸扇贝

材料：
扇贝、粉丝、蒜蓉、葱花、盐、料酒、蒸鱼豉油

做法：

1. 粉丝泡软，铺在扇贝上。

2. 蒜蓉加盐和料酒调味，均匀铺在粉丝上。

3. 蒸锅水开后，大火蒸约5-7分钟。

4. 出锅后淋上蒸鱼豉油，撒葱花。

葱姜炒虾仁

材料：
虾仁、葱段、姜丝、盐、料酒、植物油

做法：

1. 虾仁洗净，用盐和料酒腌制。

2. 热锅加油，放葱姜爆香。

3. 加入虾仁快速翻炒至变色。

4. 调味后出锅。

红烧狮子头

材料：
猪肉馅、葱姜末、鸡蛋、淀粉、盐、料酒、酱油、糖、香菇、白菜叶

做法：

1. 猪肉馅加入葱姜末、鸡蛋、淀粉、盐和料酒，搅拌均匀。

2. 搓成大肉丸，下锅煎至金黄。

3. 锅中加酱油、糖和水，放入肉丸，小火炖煮。

4. 佐以煮软的白菜叶一起食用。

清炒豆芽

材料：
绿豆芽、蒜末、盐、植物油

做法：

1. 豆芽洗净沥水。

2. 热锅加油爆香蒜末。

3. 加入豆芽快速翻炒。

4. 加盐调味，炒匀后出锅。

番茄炒豆腐

材料：
番茄、豆腐、葱花、盐、糖、植物油

做法：

1. 豆腐切块，番茄切块。

2. 热锅加油，炒番茄出汁。

3. 加入豆腐炒匀，加盐和糖调味。

4. 撒葱花，稍炒后出锅。

蒸蛋羹

材料：
鸡蛋、水、盐、葱花、香油

做法：

1. 鸡蛋打散，加等量水和盐搅匀。

2. 倒入蒸碗，盖上保鲜膜或盖子。

3. 水开后，蒸约10-12分钟至凝固。

4. 出锅撒葱花，淋少许香油。

豆豉蒸排骨

材料：排骨、豆豉、蒜末、姜片、料酒、生抽、盐、糖
做法：

1. 排骨切块，焯水备用。

2. 豆豉剁碎，与蒜末姜片、料酒、生抽、盐、糖混合成腌料。

3. 排骨拌腌料，腌制30分钟。

4. 放入蒸锅，大火蒸30分钟至熟烂。

干锅花菜

材料：花菜、五花肉片、干辣椒、花椒、姜蒜、豆瓣酱、生抽
做法：

1. 花菜洗净掰小朵，焯水备用。

2. 锅中少油炒香五花肉片，加入姜蒜、干辣椒、花椒爆香。

3. 加入花菜和豆瓣酱快速翻炒均匀，调入生抽，炒匀后出锅。

酱烧冬瓜

材料：冬瓜、豆瓣酱、蒜末、葱花、盐、糖

做法：

1. 冬瓜去皮切块。

2. 锅中热油，爆香蒜末和葱花。

3. 加入豆瓣酱炒香，放入冬瓜块翻炒。

4. 加盐、糖和适量水，小火焖煮至冬瓜软烂。

口水鸡

材料：鸡腿、花椒油、辣椒油、花生碎、蒜末、生抽、醋、糖、香菜
做法：

1. 鸡腿煮熟后冷却切块。

2. 调制辣椒油酱汁：花椒油、辣椒油、蒜末、生抽、醋、糖调匀。

3. 将酱汁浇在鸡块上，撒上花生碎和香菜即可。

炒米粉

材料：米粉、鸡蛋、胡萝卜丝、豆芽、葱花、生抽、盐

做法：

1. 米粉用温水泡软备用。

2. 热锅炒鸡蛋，加入胡萝卜丝、豆芽炒匀。

3. 加入米粉翻炒，调入生抽和盐，炒匀即可。

炒面

材料：面条、猪肉丝、白菜、胡萝卜、酱油、盐、蒜末

做法：

1. 面条煮熟沥水。

2. 锅中油热，炒香蒜末和猪肉丝。

3. 加入白菜、胡萝卜翻炒，再放入面条。

4. 调入酱油和盐，炒匀即可。

虾酱空心菜

材料：空心菜、虾酱、蒜末、辣椒（可选）

做法：

1. 空心菜洗净切段。

2. 锅中热油爆香蒜末和虾酱，加入辣椒炒香。

3. 加入空心菜快速翻炒，稍加盐调味，炒至熟即可。

咖喱鸡块

材料：空心菜、虾酱、蒜末、辣椒（可选）

做法：

材料：鸡块、咖喱粉、椰奶、土豆、胡萝卜、洋葱、盐、油
做法：

1. 洋葱炒香，加入鸡块煎至变色。

2. 加入土豆、胡萝卜翻炒。

3. 加咖喱粉拌匀，倒入椰奶炖煮至鸡肉和蔬菜熟软。

4. 以盐调味。

红烧鲫鱼

材料：鲫鱼、姜片、蒜、葱段、酱油、料酒、糖

做法：

1. 鲫鱼清洗干净，稍微两面煎至金黄。

2. 锅中留底油，爆香姜蒜葱段。

3. 加入酱油、料酒、糖和适量水，放入鲫鱼小火炖煮入味。

4. 收汁后出锅。

葱爆羊肉

材料：羊肉片、葱段、姜片、料酒、生抽、盐、胡椒粉
做法：

1. 羊肉片用料酒、生抽和少许盐腌制10分钟。

2. 热锅放油，爆香姜片和葱段的一半。

3. 下羊肉片大火快速翻炒至变色。

4. 加入剩余葱段，调味后出锅。

蒜蓉炒空心菜

材料：空心菜、蒜末、盐、油

做法：

1. 空心菜洗净切段。

2. 热锅放油，爆香蒜末。

3. 放入空心菜大火快速翻炒，加盐调味，炒至熟软即可。

炒年糕

材料：年糕条、青菜、胡萝卜丝、蒜末、酱油、盐
做法：

1. 年糕条焯水备用。

2. 锅中放油，炒香蒜末，加入胡萝卜丝和青菜炒软。

3. 放入年糕条翻炒，加入酱油和盐调味，炒匀即可。

芹菜炒肉丝

材料：猪肉丝、芹菜、姜丝、蒜末、生抽、盐、油

做法：

1. 猪肉丝用生抽和少许盐腌制。

2. 热锅放油，爆香姜丝蒜末，加入肉丝炒至变色。

3. 加入芹菜快速翻炒，调味后出锅。

冬瓜排骨汤

材料：排骨、冬瓜、姜片、盐、水

做法：

1. 排骨焯水去血沫。

2. 锅中加水，放入排骨和姜片煮开后转小火炖1小时。

3. 加入冬瓜块煮至软烂，加盐调味即可。

酱爆牛肉

材料：牛肉片、蒜末、姜片、豆瓣酱、生抽、糖、油

做法：

1. 牛肉片用少许生抽腌制。

2. 锅中放油，爆香蒜末姜片。

3. 加入豆瓣酱炒香，再放牛肉片大火快炒。

4. 加糖调味，炒匀后出锅。

麻辣豆腐

材料：嫩豆腐、辣椒粉、花椒粉、蒜末、葱花、豆瓣酱、生抽、盐

做法：

1. 豆腐切块焯水备用。

2. 锅中放油，爆香蒜末，加入豆瓣酱、辣椒粉和花椒粉炒香。

3. 放入豆腐，小心翻炒，加入生抽和盐调味。

4. 出锅前撒上葱花。

鱼香茄子

材料：茄子、蒜末、姜末、豆瓣酱、醋、糖、生抽、水淀粉

做法：

1. 茄子切条，炸或炒软备用。

2. 锅中放油，爆香蒜末姜末，加入豆瓣酱炒香。

3. 加入茄子翻炒，倒入醋、糖、生抽和适量水，烧开。

4. 用水淀粉勾芡，炒匀即可。

蒜香排骨

材料：排骨、蒜末、盐、生抽、料酒、糖

做法：

1. 排骨焯水洗净备用。

2. 热锅放油，爆香蒜末。

3. 加入排骨煎至微黄，加入生抽、料酒、盐和糖翻炒均匀。

4. 加少量水焖煮至排骨熟烂，收汁即可。

凉拌豆腐丝

材料：豆腐皮（切丝）、酱油、香醋、辣椒油、蒜泥、葱花
做法：

1. 豆腐皮切丝，焯水后过凉水。

2. 混合酱油、香醋、辣椒油和蒜泥做调味汁。

3. 将调味汁拌入豆腐丝，撒上葱花即可。

红烧牛肉面

材料：牛肉块、面条、八角、姜片、葱段、生抽、老抽、料酒、糖
做法：

1. 牛肉焯水后，和八角、姜、葱一起放入锅中，加生抽、老抽、料酒和糖炖煮1-2小时至软烂。

2. 面条煮熟，放入碗中，加入红烧牛肉和汤汁即可。

蒜蓉油麦菜

材料：油麦菜、蒜末、盐、油

做法：

1. 油麦菜洗净切段。

2. 热锅放油，爆香蒜末。

3. 加入油麦菜大火快速翻炒，加盐调味，炒至断生即可。

青豆炒虾仁

材料：虾仁、青豆、蒜末、盐、料酒

做法：

1. 虾仁用料酒和盐稍微腌制。

2. 热锅放油，爆香蒜末，放入虾仁翻炒至变色。

3. 加入青豆炒匀，调味后出锅。

香菇炒青菜

材料：香菇、青菜（如小白菜）、蒜末、盐、油

做法：

1. 香菇切片，青菜洗净。

2. 热锅放油，爆香蒜末，加入香菇炒软。

3. 加入青菜快速翻炒，加盐调味后出锅。

糖醋藕片

材料：莲藕、糖、醋、生抽、盐、淀粉

做法：

1. 莲藕切片焯水备用。

2. 锅中放油，加入糖、醋、生抽和少量水煮成糖醋汁。

3. 放入莲藕片快速翻炒，勾芡后出锅。

葱姜炒蟹

材料：螃蟹、葱段、姜片、蒜末、料酒、盐、油

做法：

1. 螃蟹洗净切块。

2. 热锅放油，爆香姜片蒜末，加入葱段炒香。

3. 加入蟹块快速翻炒，倒入料酒和盐，炒至蟹熟即可。

www.ingramcontent.com/pod-product-compliance
Lightning Source LLC
LaVergne TN
LVHW081330060526
838201LV00055B/2550